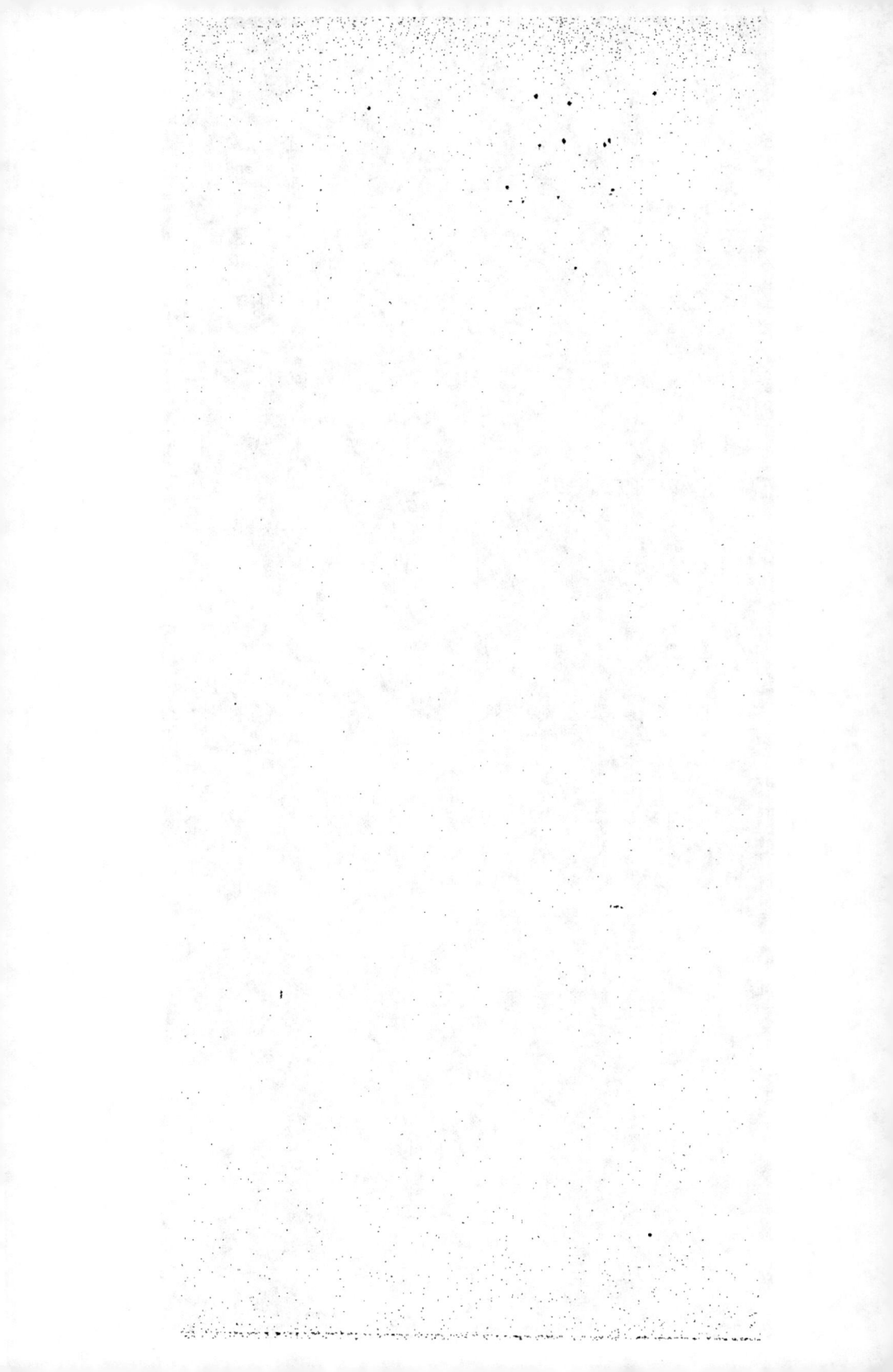

ceux qui veulent aimer

TOUJOURS

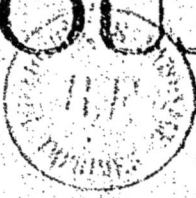

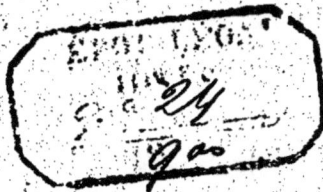

A. de H. *Hautehice*

BUREAUX
DE LA REVUE DES ASPIRATIONS RELIGIEUSES
ET MORALES DU TEMPS PRÉSENT

PARIS

TOUJOURS

A ceux qui veulent aimer

TOUJOURS

———

A. de H.

BUREAUX
DE LA REVUE DES ASPIRATIONS RELIGIEUSES
ET MORALES DU TEMPS PRÉSENT

PARIS

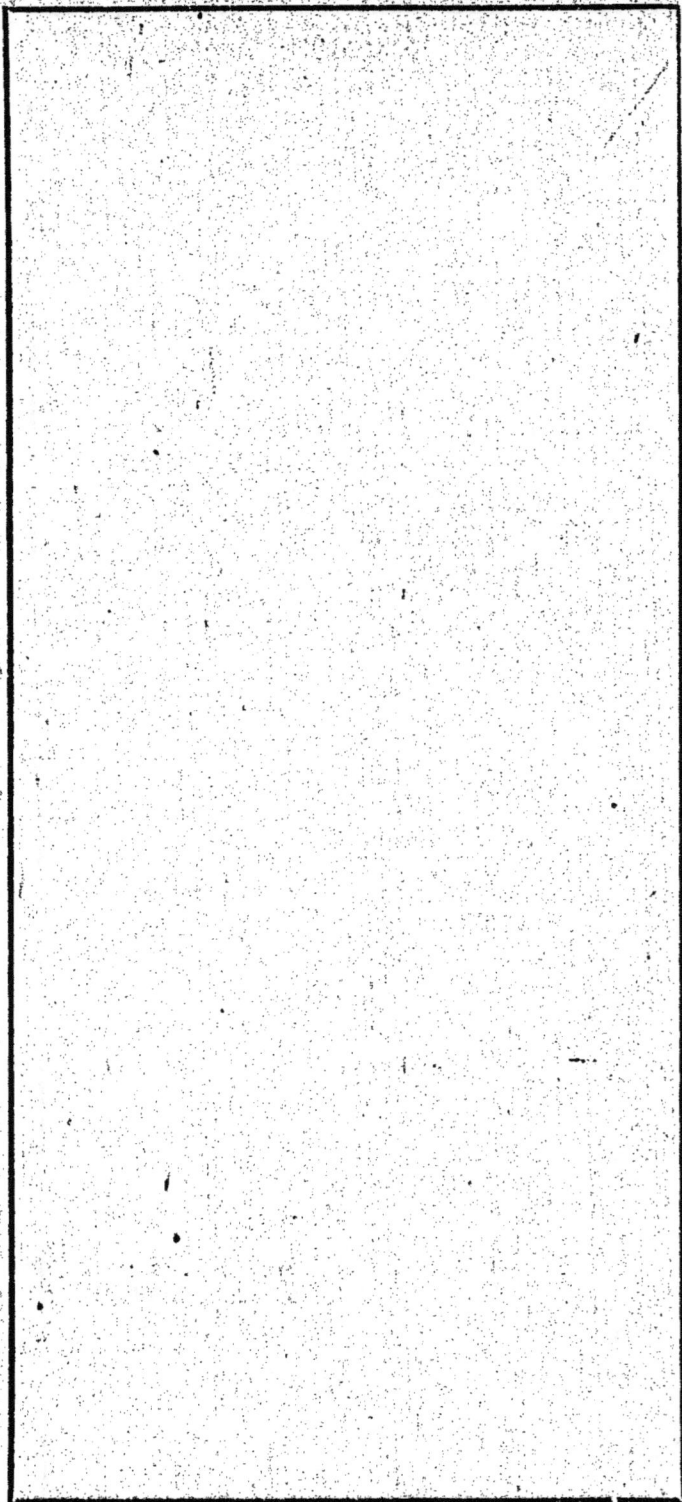

A MADAME A. DE HAUTELUCE

Madame,

*Vous désirez que je vous dise, en toute fran-
chise et simplicité, ce que m'a suggéré la lecture
de vos pensées sur l'amour.*

*Le voici en quelques mots : Si toutes les fem-
mes qui, à notre époque, sentent le besoin de
parler ou d'écrire pour la revendication des
droits méconnus de leur sexe, voulaient s'en occu-
per à votre manière, sinon avec la même élé-
gance de formes, du moins dans le même sens,
elles arriveraient, je n'en doute pas, à produire
des effets très salutaires dans la masse humaine,
actuellement en travail pour se refaire un orga-
nisme plus favorable à ses nouvelles aspirations.*

*Apprendre à mieux respecter l'amour, c'est
honorer la femme et lui préparer son véritable
trône.*

*Comme elles seraient bien dans leur rôle les
femmes de génie ou de talent qui, en rehaussant
l'éclat des idées sur l'amour, sans en refroidir la
flamme, travailleraient à la seule vraiment effi-
cace et radicale émancipation de leurs sœurs !*

1.

Voilà, par excellence, l'œuvre féministe qu'il est urgent d'accomplir !

Aux femmes il appartient d'agrandir les ailes de l'amour antique et de lui arracher son bandeau qui le défigure.

Il est temps de proclamer et de prouver que l'amour n'est pas fatalement aveugle et que, lui aussi, avec tout ce qui monte vers la vie, doit prendre conscience de lui-même et de sa destinée.

Je suis particulièrement consolé de voir comment, au sujet de l'esthétique de l'amour, le coup d'œil rapide de vos intuitions vous amène à des conclusions identiques à celles de nos philosophes. Les résultats que, par les longs circuits de leurs déductions réfléchies, ils proposent à l'acceptation de notre raison et de notre volonté, vous les atteignez d'un élan de votre âme, et c'est une agréable surprise de voir converger, dans une synthèse conciliatrice, les productions des laborieux systèmes et celles de l'inspiration directe.

Ils ne vous contrediraient pas les Guyau, les Renan, les Fouillée qui nous ont dit, au sujet de l'amour, le premier qu'il est « un élan par dessus la nature, un élargissement de la personnalité » ; le second, qu'il est « un mystère étrange et la plus évidente de nos attaches avec l'univers... aussi éternel que la religion, — la meilleure preuve de Dieu, notre vraie communion avec l'infini ; le troisième que « si le désir est fils de la Pauvreté et de la Richesse, l'Amour en sa pureté idéale est la Richesse même et il ne peut être conçu que sous l'idée d'éternité. »

Comme ils vous approuveraient et vous encourageraient, le grand poète allemand Gœthe qui a dit à la fin de son Faust : que « le monde sera sauvé par le féminin » et notre illustre auteur de Raphaël dont j'aime à reconnaître que vous prenez à cœur de continuer parmi nous, dans vos œuvres poétiques et religieuses, les hautes inspirations.

Sans doute, à ce dernier pour qui l'amour était « toute la réalité de la vie », il ne plaisait pas de voir les femmes consacrer la leur à des œuvres de littérature ; mais ce que vous accomplissez, Madame, n'est pas une œuvre de littérature, c'est un apostolat.

N'hésitez donc pas à mêler votre voix à celles de ces grands esprits. Que d'autres se joignent à vous pour en compléter l'harmonieux concert, et ensemble vous aurez contribué à l'édification de la cité future où, par l'amour et dans l'universelle fraternité, se réaliseront les vœux de tous les bons cœurs.

A. DE MONTALTE.

Saint-Raphaël, le 6 novembre 1899.

VICOMTESSE D'ADHÉMAR

L'amour suppose l'union totale de deux êtres qui s'aiment. S'il unit de purs esprits, il est total en restant purement spirituel ; s'il unit des esprits revêtus de corps, il n'est total qu'avec la participation corporelle.

L'amitié est un sentiment, l'amour en est un autre. L'amour est au premier rang.

Tout est amour dans le plan de Dieu.

L'amour est au fond de tout. Cause et but de la vie, il est depuis que le monde est monde l'âme des grandes pensées comme des grandes actions.

L'amour appartient à la religion ; il vient du ciel, non de l'enfer.

L'amour est la félicité suprême, universellement désirée, car c'est un sentiment qui donne à ceux qui l'éprouvent l'illusion et comme la possession anticipée de l'infini, c'est-à-dire, pour un instant, la réponse totale à tous leurs désirs.

Il faut parler saintement de l'amour.

A L'AMOUR

Amour, d'où nous viens-tu, quand ton aile de flamme
Caresse et fait vibrer, dans un transport de l'âme,
    Toute fibre du cœur ?
As-tu reçu du ciel ta suave doctrine ?
As-tu puisé là-haut dans la coupe divine
    L'enivrante liqueur ?

Amour, que nous veux-tu, quand ton feu qui dévore
Nous oblige à crier : « Toujours, encore, encore ! »
    Sans jamais l'apaiser ?
Aiguise notre soif, exalte notre vie,
Pénètre jusqu'au fond de notre âme ravie
    En la faisant rêver ?

ELISABETH BROWNING

L'homme le plus homme est celui qui travaille le mieux pour ses frères. Son âme énergique obéit évidemment à la vieille loi du développement : l'esprit y rend témoignage à l'esprit et l'amour sera éclairé par la lumière de la Rédemption. Le monde est vieux ; mais ce vieux monde attend sa rénovation. Pour cela, il faut que des cœurs nouveaux prennent vie individuellement, se multiplient, se développent en nouvelles dynasties de la race humaine.

Le monde est à demi aveuglé par la lumière intellectuelle, à demi abruti par la civilisation... L'époque où nous vivons impose une vocation unique. Les temps sont accomplis. Il n'y a à voir ici que l'homme riche et Lazare, l'un et l'autre dans les tourments, entre eux un gouffre, et pas la moindre allusion au sein d'Abraham. Qui donc, étant homme, peut demeurer insensible en face de ces choses et ne jamais se creuser l'âme à la recherche du grand remède ?

Il ne faut pas seulement que l'art soit action, il faut qu'il soit amour.

Amour, où mènes-tu ceux que ton souffle inspire ?
Est-ce au terme suprême auquel toute âme aspire,
    A l'idéal divin ?
Si tes attraits sont tels que parfois l'on en meure,
Si ta route est si belle, oh ! quelle est ta demeure
    Et son repos sans fin ?

Amour, qui donc es-tu, pour faire ainsi revivre
Des cœurs déjà flétris que ton rayon délivre
    Des ombres de la mort ?
Quelle est cette vertu dont la sève nouvelle
Fait refleurir la vie en la rendant plus belle,
    Retrempe son ressort ?

Mrs CRAIK

L'amour ! quelle chose merveilleuse ! Il est insaisissable comme l'air et comme lui nécessaire à tous ; mais tandis que beaucoup d'êtres excellents et calmes sont heureux s'ils en possèdent seulement une parcelle, pour d'autres il est l'unique atmosphère dans laquelle ils puissent respirer et se mouvoir ; hors de cette atmosphère, ils languissent, ils meurent. Aimer, c'est pour eux l'essence de la vie.

Ce parfait amour, rêve passionné, caressé par la jeunesse, qui confond deux cœurs en un seul, cette affection mutuellement comblée qui, avec les années, devient de plus en plus une nécessité vitale de l'existence, et qui reçoit autant qu'elle donne, est une paix, un appui, une bénédiction au-dessus de toutes les bénédictions d'ici-bas.

Il est des intérieurs dans lesquels l'air semble chaud, léger, lumineux. Nous en sommes réjouis et vivifiés comme par la tiède douceur d'un jour de mai.

Amour, ô saint Amour, tes œuvres te trahissent !
C'est de Dieu que tu viens, c'est de lui que jaillissent
    Les célestes ardeurs
Que tu voudrais partout propager sur la terre,
Pour la renouveler, la consacrer au Père,
    En régnant sur les cœurs.

O tout-puissant Amour ! sois à jamais mon Maître !
Eclaire ton disciple et fais-lui mieux connaître
    Ta secrète beauté.
Fais de moi ton docteur, ton prêtre, ton apôtre ;
Agrandis ton domaine, établis sur le nôtre
    Ta douce royauté.

Mme CRAVEN

Je ne désire l'oubli ni des joies, ni des peines que j'ai connues. Je bénis Dieu des unes et des autres, et je le bénis encore de la disposition qu'il m'a donnée à revenir sans cesse sur les traces qu'ont laissées après eux ceux avec lesquels il m'a été si doux de vivre. Le souvenir des jours heureux passés ensemble est demeuré pour moi une joie et non une douleur ; et, bien loin de désirer l'oubli, je demande au ciel de me conserver toujours la mémoire vive et fidèle des jours évanouis. Penser à eux et parler d'eux m'a été doux depuis qu'ils ne sont plus, comme il m'était doux de leur parler et de vivre près d'eux quand ils étaient là.

Quand finit un beau jour, n'aime-t-on pas à en considérer les douces et dernières lueurs ? Quand s'évanouit un son harmonieux, n'aime-t-on pas à en écouter jusqu'au dernier écho ? Et les morts bienheureuses de ceux qu'on a aimés ne laissent-elles pas ainsi après elles de douces lueurs à contempler, de doux sons à recueillir ?

Apprends-nous à bannir de ta divine sphère
Cette plante maudite, à la saveur amère,
    Qu'on nomme de ton nom,
Mais dont l'arôme impur et dont les fruits malsains
Sont un mortel virus, et du cœur des humains
        La profanation.

ALEXANDRINE DE LA FERRONNAYS

J'ai souvent lu et entendu parler de la défiance et de la jalousie qui accompagnent l'amour. Je pense qu'un pareil amour doit être un sentiment bas et vulgaire, il me semble qu'il y a une religion dans l'amour et sa vraie base est la foi.

Est-ce que ceux qui ne croient pas aiment ? Ont-ils des émotions profondes ? Peuvent-ils être véritablement dévoués ?

Ami chéri ! Je t'écris ceci appuyée sur ton cercueil ; je t'écris, car je te parle, Albert ! Albert ! me vois-tu ? Sais-tu ce que j'éprouve ? Oh ! douloureuse incertitude ! Ange de ma vie, qui me laisse seule continuer ma route, t'aimer fut ma meilleure vertu, mon plus grand amour, ce que j'ai éprouvé de meilleur. Douce idée ! en t'aimant, en étant aimée de toi, je suis devenue meilleure.

Oh ! mon Dieu, tu sais comment nous nous aimions ! Souviens-toi que nous avons toujours voulu que notre amour fût éternel.

TOUJOURS !

MOI

Toujours ! ce mot que l'on aime tant dire,
Quand, sous le poids des angoisses du cœur,
L'âme impuissante à rendre son délire,
L'enivrement d'un instant de bonheur,
Voudrait voler au céleste Empyrée,
En emprunter l'éternelle durée,
Pour la remplir d'immortelles amours ;
Je vous le dis dans un élan sincère :
Tout vous donner, donner mon âme entière,
Oh ! c'est trop peu, si ce n'est pour toujours.

COMTESSE DE FLEURANGES

Courage, femmes, votre foi renaîtra grandie, puissante, opérante et s'appuyant sur l'affection du cœur. Il faut triompher au plus tôt de toutes les forces contraires.

L'amour s'est éloigné de ses plus belles prérogatives, de son but le plus élevé.

Un amour émergeant de l'âme, un amour pur, un amour vrai, c'est un vol de l'âme vers le ciel.

C'est dans le ciel que se trouve l'idéal de l'être aimé qui nous attire.

Si l'on connaissait les joies de l'amour pur, on ne pourrait supporter les autres.

L'homme et la femme unis par l'ange en une même chair, tel est l'être intégral des temps à venir.

Le royaume de Dieu va s'approcher plus près de nous par le Saint Amour.

VOIX DE LA TERRE

Toujours! Vous laisserez-vous prendre,
Amis, à ce mot enchanteur ?
L'histoire est là pour vous apprendre
Combien pour tous il est trompeur.
Vous qui, sur les lointains rivages,
Les roulez comme des nuages,
Ailes des vents, rires des mers,
Dites-leur les belles promesses
Que l'on mêle aux douces caresses,
Présages des regrets amers.

ÉLISABETH FRANCŒUR

De même que dans l'Evangile le rôle historique de la Vierge Marie ne commence qu'après la salutation de l'ange, de même la jeune fille ne devient réellement femme qu'au moment où son cœur a été visité par l'amour.

Au cœur de la femme qui aime d'amour et qui prie dévotement il n'y a en somme qu'un seul culte. Qu'elle en ait conscience ou non, ses pratiques de piété et ses caresses affectueuses sont étroitement reliées par le fil d'or d'un même et unique amour.

Rechercher l'infini, adorer le divin dans celui ou celle qu'on aime, ne serait-ce pas la plus haute et la plus vivifiante conciliation de la religion et de l'amour, la formule qui répondrait le mieux aux deux éternelles préoccupations du cœur humain ?

L'amour est à la fois lumière et chaleur. Dans le composé social auquel la nature convie les deux sexes humains, l'homme est surtout l'organe de la première et la femme surtout l'organe de la seconde. —

Échos des sentiers solitaires
Et vous, sombres voiles des nuits,
Autels et divins sanctuaires;
Hélas! que de serments détruits!
Combien d'illusions fanées,
Par les vents d'automne emportées!
Quel océan dans sa fureur
Fut soulevé par plus d'orages,
Et fut plus fécond en naufrages,
Que l'élément peu sûr du cœur?

Mme ÉMILE DE GIRARDIN

Il a passé comme un nuage,
Comme un flot rapide en son cours ;
Mais mon cœur garde son image
        Toujours.

Mais son regard, plein de tendresse,
A rencontré mes yeux ravis,
Et depuis ce moment d'ivresse
        Je vis.

Et ma pensée aventureuse
D'un rêve se laisse charmer ;
Je l'aime... et je me sens heureuse
        D'aimer.

Mais parfois aussi je me livre,
Hélas ! au plus cruel ennui,
Quand je songe qu'il me faut vivre
        Sans lui !

Pourtant si le ciel nous protège...
Il était si pur notre amour !
Peut-être encor le reverrai-je
        Un jour,

Oh ! qu'un moment je le revoie,
Qu'un moment j'ose le chérir.
Oui, dussé-je de tant de joie
        Mourir !

Malheur à qui livre sa barque
Au gré fatal de ses courants !
Qu'il soit sujet, qu'il soit monarque,
Il en touchera les brisants.

Qui n'a pleuré sur les blessures
De l'amour et sur les morsures
Qu'il fait sentir à ses croyants ?
Quel poète n'a, dans ses rimes,
Donné des regrets aux victimes
De ses rêves, de ses tourments ?

Mlle EUGÉNIE DE GUÉRIN

Quand j'étais enfant, j'aurais voulu être belle ; je ne rêvais que beauté, parce que, me disais-je, maman m'aurait aimée davantage. Grâce à Dieu, cet enfantillage a passé, et je n'envie d'autre beauté que celle de l'âme. Peut-être même en cela suis je enfant comme autrefois ; je voudrais ressembler aux anges. Cela ne peut déplaire à Dieu : c'est pour en être aimée davantage.

Presque tout ce qu'on fait pour la créature est perdu, à moins que la charité ne s'y mêle. C'est comme le sel qui préserve affections et actions de la corruption de la vie.

En avançant dans la vie, on se place enfin comme il faut pour juger de ses affections et les connaître sous leur véritable point de vue.

Entre le ciel et nous il y a une mystérieuse attraction.

Le cœur apprend à s'affliger comme il apprend à aimer, en grandissant.

Toujours ! innocents que vous êtes !
Tant d'avenir est-il à nous ?
N'écoutez pas les faux prophètes
Qui veulent s'amuser de vous.
Croyez au soleil qui rayonne,
Aux fruits que la saison vous donne,
Souriez au jour qui sourit ;
Sans vous fier à ses promesses,
Acceptez toutes ses largesses,
Cueillez la rose qui fleurit.

LINA HERMINOFF

Pourquoi le mariage qui, dans la pensée de ses législateurs, est destiné à rendre l'amour *libre* en devient-il si fréquemment le *tombeau?*

Pourquoi en amour comme en religion le secondaire et l'accessoire finissent-ils par faire oublier le principal ?

Pourquoi le monde sait-il encore si peu ce que c'est que la femme ?

Pourquoi l'amour, source de vie, est-il si souvent cause de mort ?

Pourquoi, si l'amour est la vraie porte du ciel, est-il encore tant parlé dans les églises du *petit nombre des élus?*

Pourquoi la foi en l'amour n'inspire-t-elle pas davantage la foi aux amis ?

Pourquoi le problème de l'amour depuis si longtemps posé a-t-il encore si peu reçu de solution ?

Toujours ! pauvre nature humaine
En prononçant ce mot divin,
Dans tes vouloirs es-tu certaine
De persister jusqu'à demain ?
De flamme au lever de l'aurore,
Ce soir aimerons-nous encore ?
Aux dieux les attributs des dieux !
A nous, pour qui tout est mobile,
L'adhésion souple et docile
A l'humble part qui nous va mieux.

MARIA ISTARD

« Qui me donnera des ailes comme à la colombe, et je volerai et je me reposerai ? »

S'il est un amour que l'absence affaiblit, j'en connais un autre qu'elle excite, qu'elle approfondit, et qu'elle prépare à bien user de la présence réelle.

L'amour vrai suppose toujours la vraie foi.

Si l'amour est plus fort que la mort et lui survit, comment ne triompherait-il pas de la séparation causée par les nécessités de la vie ?

Ce qui nous comprime l'âme peut, quand nous savons réagir, créer, au fond de nous-mêmes, un centre de rayonnement plus puissant que toutes les énergies connues de la nature.

Les moyens de communication rapide, inventés et utilisés surtout pour les intérêts de la vie matérielle, les âmes aimantes et apostoliques voudraient tant les employer aussi pour propager l'Evangile de l'Amour !

Que donnez-vous pour satisfaire
Votre grand besoin de bonheur ;
La soif que rien ne désaltère ;
Le feu qui ronge votre cœur ?
Que pouvez-vous en luttant mettre ?
Êtes-vous dieux pour tant promettre ?
S'attacher trop au même objet,
C'est se priver de tous les autres ;
Allons à tous, ils sont tous nôtres ;
Saisissons-les dans leur trajet.

PAULE JANICK

Du monde divin tombe sur l'univers un flot immense de lumière attractive qui est l'essence de l'amour absolu, celui de Dieu et dont Jésus a été la plus sublime révélation.

Dans notre société on ne comprend encore guère ce que c'est que l'amour, même alors qu'on en ressent les plus chaudes ivresses ; ce mot divin est trop souvent profané, éblouis sommes-nous par les vains mirages. C'est cependant la vie de l'homme. Dans tout l'univers c'est la vibration de Dieu.

Je crois à une religion universelle, celle de l'amour.

Dans toutes les positions sociales, la femme, pour être à la hauteur de sa mission, doit faire une grande dépense d'amour, donner plus qu'elle ne reçoit. Il est bon de lui apprendre à trouver son bonheur dans l'amour qu'elle éprouve, non dans celui qu'elle inspire.

Buvons notre goutte de vie ;
Le présent seul nous appartient.
Vidons la coupe sans la lie,
Sans le poison qu'elle contient.
Enivrons-nous de cette joie
Où tout souci gênant se noie ;
Demain suffira pour demain.
Aujourd'hui nous, et plus tard, d'autres
De notre temps, soyons apôtres !
Il faut que l'homme soit humain.

MARIE JENNA

Oui, du beau la sainte flamme
Sous ton aile a pu passer,
Mais c'est en vain que ton âme
S'efforce de le fixer.

Si du ciel à notre monde
Un rayon s'est épanché,
Dans l'immensité profonde
L'astre divin s'est caché.

Homme ou fleur, notre existence
Brille un jour et se flétrit.
L'ombre de la mort d'avance
S'étend sur tout ce qui vit.

Le vent qui sème la plante
Passe encore et la détruit.
L'aurore qui nous enchante
Est un pas vers l'autre nuit.

Toujours le son d'une plainte
Se mêle à l'hymne vainqueur,
Toujours vaguement la crainte,
Frissonne au fond du bonheur.

C'est plus haut que l'on s'abreuve
D'harmonie et de beauté.
Marchons ! le temps n'est qu'un fleuve
Qui coule à l'éternité.

VOIX DU CIEL

Enfants, n'écoutez pas ce langage vulgaire ;
Ces perfides accents viennent d'un mauvais cœur.
Le monde n'entend rien à ce qui peut vous plaire,
Et ne soupçonne pas l'objet du vrai bonheur.
Que vient-il vous prêcher, cet apôtre du rire
Et du plaisir présent ? Oserait-il vous dire
Que l'amour n'a qu'un temps ? Il a l'éternité !
Hôte du temps qui fuit, borné dans sa nature,
L'homme a reçu de Dieu de croître sans mesure,
Sous l'effort tout-puissant de sa paternité.

11.

JULIA KORDEWSKA

Si généralement la prédominance de la raison
et de la volonté appartient à l'homme, à la
femme revient celle de la sensibilité et de l'a-
mour. Ainsi s'établissent entre l'un et l'autre
l'équilibre et la compensation qui les empêcheront
toujours, malgré leurs discussions et leurs taqui-
neries plus ou moins sérieuses, de renier la
nécessité de se compléter l'un par l'autre.

Selon que la femme donne plus ou moins de
sa vie aux sollicitations de la sensibilité infé-
rieure ou aux inspirations spirituelles du sentiment, elle est entraînante dans un sens ou dans
l'autre, et devient pour l'homme captivante ou
libératrice. Dans les deux cas elle peut devenir
maîtresse. A elle de reconnaître et de choisir le
genre de royauté qui l'honore davantage.

La valeur d'une âme, le bien qu'elle peut faire
dépend de sa puissance d'aimer.

Toujours, c'est un beau mot qu'on dit sans le comprendre ;
Toujours, des vrais amis c'est le cri de la foi,
De cette voix d'en haut que Dieu seul fait entendre
Par un instinct secret que chacun porte en soi.

Dieu ne trompe jamais. Il se trompe lui-même
Le cœur trop resserré qui doute quand il aime,
Et tremblant d'épuiser tout ce qu'il peut donner,
Comme aussi de trouver, sous la fleur éphémère,
Un fruit empoisonné d'une saveur amère,
A l'ami de son choix n'ose s'abandonner.

Mme DE LAMARTINE

La nature me fait monter au cœur mille réflexions et une espèce de mélancolie qui me plaît ; je ne sais ce que c'est, si ce n'est une consonnance secrète de notre âme finie avec l'infini des œuvres de Dieu !

Il faut de la religion pour jouir parfaitement des bienfaits dont Dieu nous environne. D'ailleurs, cette religion ne remplit-elle pas tout le cœur ? N'est-elle pas tout amour ?

Je trouve qu'on ne consulte pas assez le cœur dans la société en France, pour la grande action de la vie, le mariage !

L'amour compense tout pour les jeunes gens.

Je crois vraiment que l'amitié est la forme visible de la Providence ! Le cœur de Dieu lui-même semble nous entendre, nous parler, nous comprendre, nous abriter dans le cœur de nos amis.

Les familles se déchirent ici, mais elles se renouent pour l'éternité dans l'éternité.

Toujours, des cœurs aimants c'est le cri d'espérance
Poussé vers l'avenir. Il devance les temps,
Exalte les désirs, tempère la souffrance,
Prolonge le bonheur de ces trop courts instants,
Où les épanchements d'une présence intime,
Ravissant la pensée en extase sublime,
Font oublier la terre et sa caducité,
Guident le vol de l'âme au delà de tout voile,
Lui montrent les beautés du ciel qui se dévoile,
Et donnent l'avant-goût de son éternité.

MARLITT

La bonté, la charité, et ces subites clartés qui
du cœur d'une femme bien douée, montent immé-
diatement à son intelligence et lui font deviner
ce que les hommes même les plus compétents
ne comprennent guère, toutes ces facultés sem-
blent désigner la femme pour la mission qui con-
siste à tempérer la stricte justice par l'inépuisable indulgence.

Pour vivre en paix avec elle-même, une femme
a un besoin impérieux d'un idéal plus ou moins
élevé.

Il est des passions ici-bas si vives et si profondes que rien ne peut les ébranler ni les
amoindrir ; si pures et si élevées que l'on se res-
pecte involontairement quand on les ressent, et
que l'on pense être le roi de la création quand on
les inspire ; si complètes, si entières, que le
monde commence et finit à l'objet aimé ; si dé-
sintéressées, si loyales, si nobles, que l'on peut
vivre en une paix radieuse, à jamais délivré du
cauchemar de la méfiance et de la jalousie.

Toujours aux cœurs unis c'est le mot nécessaire.
On le dit mille fois, si l'on a bien compris
Que l'Infini se mêle à tout amour sincère,
Et consacre l'objet dont on se sent épris.
Toujours, pour vous, humains, c'est un mot tout céleste,
Écho venu d'en haut d'où le bonheur s'atteste ;
Le mot consolateur pour ce triste séjour—
Par lui peut s'épancher le trop-plein de vos âmes,
Et peuvent s'apaiser les ardeurs de leurs flammes ;
Toujours, oh ! oui, toujours, c'est le mot de l'amour !

ELIA MAUREIL-PAROT

Je crois sincèrement que bien des questions, qui passionnent l'opinion à notre époque, peuvent être résolues tranquillement par l'initiative féminine.

Le jour où la femme riche, heureuse, ne passera plus froide, indifférente, parée comme une idole, le cœur aussi vide que la cervelle, au milieu des mères qui pleurent ou simplement s'étiolent, et des enfants qui se débilitent, le problème de la question sociale aura fait bien du chemin. Quels hommes résisteraient aux arguments partis de cœurs aimants et bien informés de femmes généreuses !

La société n'aura plus à défendre la femme ou à la réhabiliter, le jour où l'homme sera pénétré de l'idée qu'être chaste est une forme de l'honneur.

Quelle pente à remonter, que celle de demander à notre société actuelle d'élever de vraies femmes !

Il faut que l'amour soit l'amour !

Que la vie soit un culte, une religion !

Voulez-vous échapper aux trompeuses amorces ?
Aimez d'abord en vous ce qui ne finit pas,
Et cherchez, au delà des fragiles écorces,
Ce que ne gâtent point les aides du trépas.
N'arrêtez pas trop tôt l'élan de votre course,
Et du ruisseau trouble remontez à la source.
Ne donnez pas aux sens plus que ne veut l'esprit,
Plus que l'esprit ne peut transformer dans ses flammes,
Et n'y cherchez jamais le repos de vos âmes.
Ce n'est pas là pour vous que l'amour a son fruit.

MARGHARITA-ALBANA MIGNATY

L'amour et la religion jaillissent d'une source commune qui est le centre même de notre vie meilleure.

Qu'est-ce que l'amour ? La force qui supporte tout, qui espère tout, qui croit invinciblement au Vrai et au Bien, le rêve des sages, le chant des poètes, la foi des saints, le but et le soupir de l'âme dans son voyage à travers la vie, l'énergie dans les épreuves et les chagrins de la sphère terrestre, qui fait pousser les ailes de l'âme et l'aide à rejoindre sa patrie céleste.

Dieu a rempli tout notre être et chacune de nos facultés du pouvoir d'adorer et d'aimer.

L'excellence de la faculté d'aimer se développe concuremment avec les plus hautes facultés de la nature. Il y a dans l'amour une sympathie et une affinité universelle pour toutes les choses grandes et belles.

L'amour est la seule source de foi pleine et entière. C'est la source vitale du monde.

Soyez de vrais enfants pour Dieu, votre bon père,
Parlez-lui bien souvent de vos secrets désirs ;
Sous son regard toujours marchez dans sa lumière
Et ne lui dérobez aucun de vos soupirs.
Ce que vous souhaitez, aimez qu'il le bénisse,
Ce que vous promettez, priez qu'il l'accomplisse ;
Il connaît mieux que vous les besoins de vos cœurs.
Attendez pour agir que lui-même décide,
S'il s'oppose parfois à votre soif avide,
C'est pour mieux contenter ses dociles ardeurs.

CHARLOTTE DE MONTLIEU

Nous sommes encore loin, hommes et femmes, d'avoir pénétré les mystérieuses profondeurs de l'amour. Les expériences tristes ou heureuses du passé, des autres ou de nous-mêmes, devraient du moins servir à nous orienter, A nous, femmes, par les franches révélations de nos *raisons de cœur*, de suggérer aux penseurs et constructeurs de systèmes d'ajouter quelques pages à la *Philosophie de l'amour*.

Tant qu'on n'aura pas appris aux jeunes filles à disposer *librement* de leur cœur, il faudra se résigner à ne voir dans le mariage, malgré toutes les consécrations religieuses et les garanties civiles, qu'une institution désastreuse pour un grand nombre d'entre elles.

Jeunes filles, la vie est courte, gardez-vous d'en retrancher les meilleurs jours par un choix aveugle et hâtif de celui qui doit la partager avec vous.

Elevez votre amour au-dessus de vous-mêmes.
Qu'il soit un Dieu pour vous! Offrez-lui votre encens.
Sur l'autel de vos cœurs, sous les plus saints emblèmes,
Consacrez-lui vos vœux et vos secrets tourments.
Soyez-vous l'un à l'autre un sacrement de vie,
Qui parlera du ciel à votre âme ravie,
Apaisera sa faim, ravivera son feu.
Une âme est un abîme à qui veut y descendre,
Un livre inépuisable à qui cherche à comprendre,
Un saint des saints qui voile et qui fait trouver Dieu.

Mme EDGAR QUINET

Aimer divinement une créature humaine est le premier degré du sentiment religieux ; il naît de la tendresse portée à un être moral digne de personnifier l'idéal de la vertu.

Il faut l'éternité pour rassasier l'âme. Et qu'est-ce que l'éternité ? La présence de celui qu'on aime.

Que la vie semble belle quand on peut identifier l'être qu'on aime avec l'auguste vérité !

La mort de l'être bien-aimé qui est l'âme de notre âme, nous crée des liens surnaturels avec les régions célestes où notre cœur le place. Nous montons à un degré supérieur de vie qui nous commande d'être dignes de celui à qui nous restons unis et qui habite les clartés éternelles ; d'être dignes de lui par les paroles aussi bien que par les sentiments et les actes. Voilà l'offrande sacrée, le culte religieux que nous lui offrons. Nous sentons ainsi sa présence réelle par le cœur et par la pensée.

Voyez dans votre amour l'unique nécessaire !
Que tout sacrifier pour lui vous semble peu ;
Vestales de son temple, oubliez-y la terre ;
Faites-vous un honneur d'alimenter son feu.

Ne l'abaissez jamais aux profanes offices,
Ne le soumettez pas à d'orageux caprices ;
Mais que, toujours sublime et toujours souverain,
Il impose sa loi, par elle vous soulève,
En vous menant au ciel où sa flamme s'élève,
Et vous perde avec lui dans le rayon divin !

GEORGE SAND

L'amour n'est pas ce que vous croyez ; ce n'est pas cette violente aspiration de toutes les facultés vers un être créé ; c'est l'aspiration sainte de la partie la plus éthérée de notre âme vers l'inconnu.

Si l'amour immense peut ouvrir ses ailes et soutenir son vol sans péril, c'est à la condition de chercher Dieu, son foyer rénovateur, et d'aller, à chaque élan, se retremper et se purifier en lui. Oui le grand amour, l'amour qui ne se repose pas d'adorer et de brûler est possible ; mais il faut croire, et il faut être deux croyants, deux âmes confondues dans une même pensée, dans une même flamme.

C'est par l'âme surtout que les femmes sont belles.

La véritable beauté est toujours chaste et inspire un respect involontaire.

Levez souvent votre âme à vos célestes sphères
Pour la mieux retremper dans nos saintes ardeurs,
Pour respirer à l'aise, aux pures atmosphères,
Un air tout imprégné des vertus de vos sœurs.

Vous y verrez les cœurs, à l'abri des orages,
Rayonner librement dans leur ciel sans nuages.
Vous y verrez comment s'éternise l'amour,
Comment, sans se lasser, on y poursuit sa course,
Sans s'épuiser jamais, on peut boire à sa source,
Et comment est sans nuit, sans déclin, notre jour.

SÉVERINE

Elle élève et divinise le cœur des hommes, cette pitié sainte qui efface les discordes de la triste humanité, supprime ses haines, absout ses crimes ; payé la rançon de tendresse qui rachète les pires erreurs, les pires iniquités ; permet au monde de subsister encore, de n'être point émietté, à travers l'univers, par le pied indigné du Destin, de n'être point broyé par le tonnerre vengeur.

Certes, on aime ses parents, ses enfants, par dessus toutes choses ! Néanmoins, malheur à qui se confine en ces égoïstes affections, n'aime que la chair de sa chair, les visages pareils au sien, les créatures familières dont le geste, la voix, sont le reflet ou l'écho de sa propre individualité. C'est s'aimer encore sous la forme d'autrui.

Une telle harmonie jaillit des tombes ; une telle conciliation émane de ces ennemis d'hier, aujourd'hui couchés au même lit ; une telle fraternité fleurit sur cette terre gonflée de tendresse, imprégnée de pardon, que la mort fait honte à la vie.

Unis dans cet amour, devenez père et mère
Et connaissez aussi le bonheur de créer ;
Non pas en propageant, dans la vie éphémère,
Votre image de chair pour la régénérer ;

Mais, en multipliant ce rayon invisible
Que Dieu veut chez les uns plus pur et moins sensible,
Pour le conserver mieux, plus fort et plus divin.
De cet esprit vital que l'amour saint féconde,
Il compose un parfum, pour embaumer le monde,
Et le répandre à flots sur tout le genre humain.

Mme DE STAEL

Ah ! sans doute c'est par l'amour que l'éternité peut être comprise, il confond toutes les notions du temps, il efface les idées de commencement et de fin ; on croit avoir toujours aimé l'objet qu'on aime, tant il est difficile de concevoir qu'on ait pu vivre sans lui.

Ce qui n'est dû qu'au christianisme, c'est l'enthousiasme religieux qui s'unit à tous les sentiment de l'âme, c'est la puissance d'aimer et de plaindre, c'est le culte de sentiment et d'indulgence qui favorise si bien l'essor de l'âme vers le ciel.

Ah ! sans doute que, dans les mystères de notre nature, aimer, encore aimer, est ce qui nous est resté de notre héritage céleste.

La beauté est une dans l'univers, et sous quelque forme qu'elle se présente, elle excite toujours une émotion religieuse dans le cœur de l'homme.

La puissance d'aimer est la source de tout ce que les hommes ont fait de noble, de pur et de désintéressé sur cette terre.

Contre l'eau du déluge il sera pour vous l'arche,
Et contre les serpents votre serpent d'airain.
Sa colonne de flamme éclairant votre marche,
Vous passerez sans crainte où périt l'Égyptien.

Qu'à sa direction votre âme soit soumise !
Au delà du désert est la terre promise.
Si le présent est dur, l'avenir sera beau ;
Et puis, s'il faut souffrir, pour lui rester fidèle,
Votre vie épurée en deviendra plus belle,
Ne fleurira que mieux au delà du tombeau.

Mme SWETCHINE

Quand une véritable amitié a confondu deux âmes, qu'une affection profonde les fait vivre d'une seule et même vie, le moindre dissentiment produit ce malaise que l'on éprouve quand en soi-même les sentiments sont en opposition avec les pensées et le cœur avec la conscience.

Les cœurs aimants sont comme les indigents, ils vivent de ce qu'on leur donne.

Ah ! qu'heureuse et grande serait l'humanité, si elle pouvait traduire en action persévérante ses vagues instincts, ses émotions passagères, ses aspirations fugitives vers la patrie céleste ! Quels spectacles ne donnerait pas la terre, si tous ceux qui s'épuisent en stériles labeurs, ne s'appliquaient qu'à comprendre Dieu, à le faire goûter, à révéler à tant de cœurs ignorants qu'ils possèdent ce qu'ils cherchent. Ce serait l'hosannah de l'âme chanté sur tous les rythmes ; ce serait une poésie vivante et sublime, un hymne nouveau, une langue universelle que la succession de nos actes épellerait incessamment à la gloire du créateur.

Que votre jeune amour avec le temps grandisse,
Et, semblable au bon vin que l'âge rend plus doux,
Qu'il soit votre nectar et qu'il vous réjouisse !
Gage assuré de paix entre le ciel et vous,

Il sera le soutien de votre vie entière,
Il la pénétrera de force et de lumière,
Et quand aussi pour vous sera venu le soir
Qui voilera vos yeux de ses ombres funèbres,
Tout ne sera pas triste, au sein de vos ténèbres ;
Vous vous endormirez, le cœur tout plein d'espoir.

JEANNE DE VALVRY

Celui qu'on aime est le rayonnement de Dieu.

Pourquoi tant de bonheur, pourquoi tant de bonté s'épanouissent-ils dans l'âme aux premières révélations de l'amour ? C'est que ce sentiment est l'appel de Dieu à la Communion universelle.

Aimer ce n'est pas seulement *se donner*, c'est *vivre* pour et par ceux qu'on aime.

L'amour vrai renferme tous les devoirs que la religion impose.

L'amour est en nous la révélation de la vie éternelle ; il embrasse le passé, le présent, l'avenir. Il faut avoir bu à cette coupe divine pour comprendre que jamais langue humaine n'en pourra rendre les ivresses.

Tout est beau dans l'amour, jusqu'à ses manifestations inférieures. A ceux qui veulent aimer toujours d'apprendre à en discerner le vrai sens.

Allumez-les, Seigneur, ces saintes flammes,
Et rendez-les immortelles en nous !
Que votre amour s'infuse dans nos âmes,
Pour les changer, les transformer en vous !
Bénissez-nous, bénissez la promesse
De nous aimer toujours avec sagesse,
En traversant ces ténébreux séjours.
A vous nos cœurs, à vous notre espérance
Dès maintenant jusqu'à la délivrance,
Toujours, oh ! oui, ce sera pour toujours !

TABLE DES MATIÈRES

CHATEAUROUX. — Impr. A. Majesté et L. Bouchardeau.
A. Mellottée, successeur.

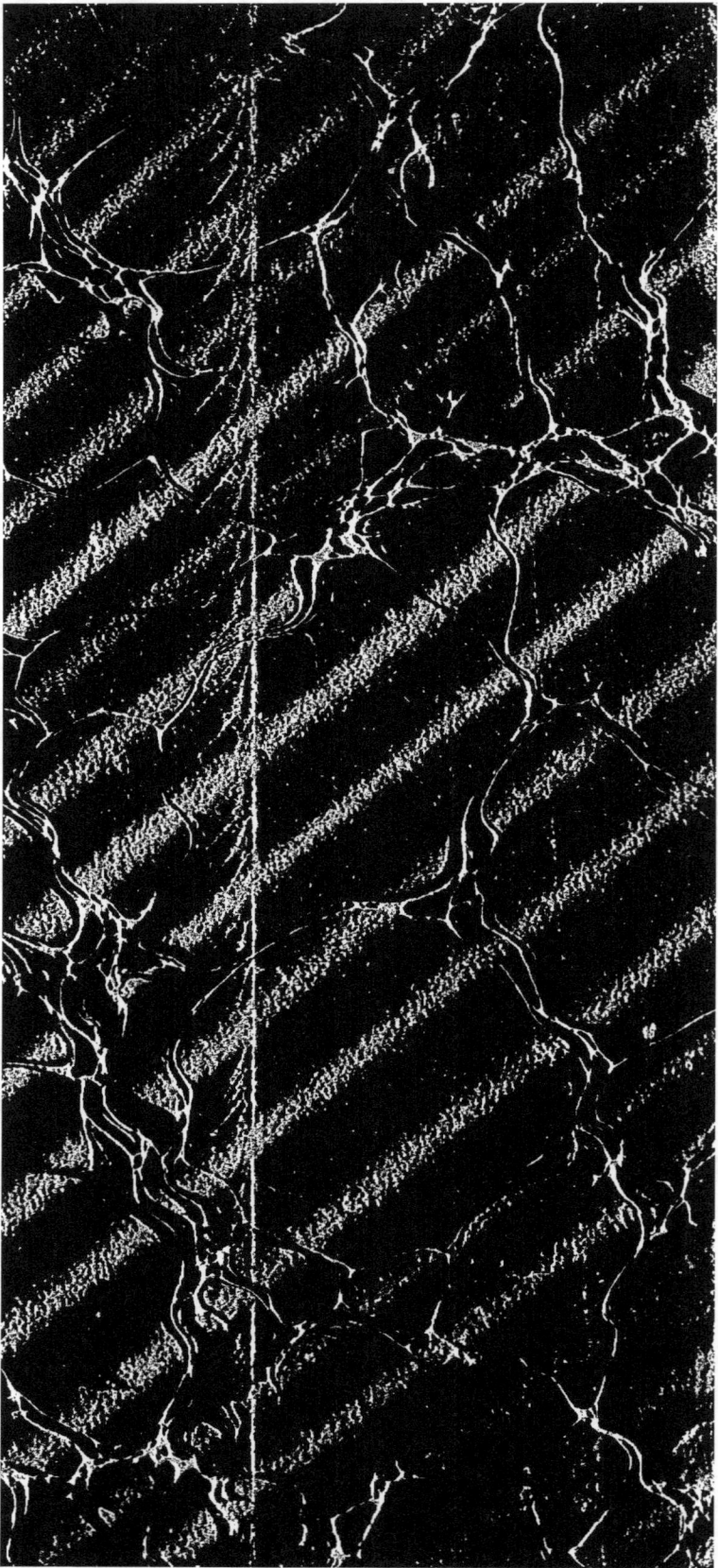

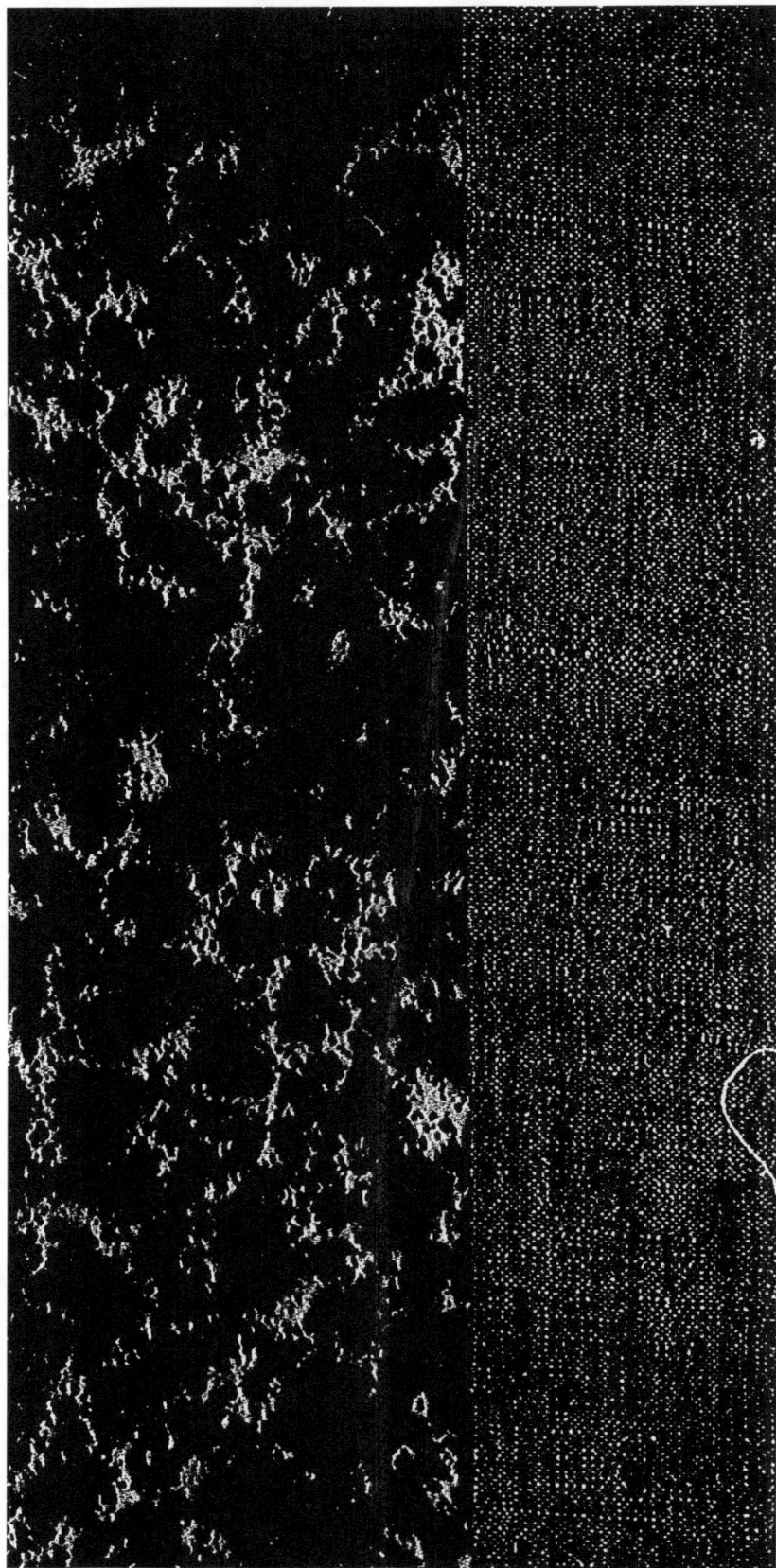

www.ingramcontent.com/pod-product-compliance
Lightning Source LLC
LaVergne TN
LVHW022017080426
835513LV00009B/764